各有不同，
各有好處

陳美齡　著 / 繪

新雅文化事業有限公司
www.sunya.com.hk

前幾天，有新鄰居來了！

其中有一位男孩的年紀跟小和差不多。

小和向他打招呼：

「你好！我是小和。」

男孩搖搖頭，表示聽不懂中文！

小和回家告訴媽媽：

「新鄰居不會說中文，膚色也和我們不同，
我不知道是否應該和他交朋友。」

媽媽蹲下來望着小和的眼睛，跟他說：

「世界上有很多人和我們不同，但那是好事啊！」

小和說：

「我喜歡和我一樣的人交朋友。」

媽媽拉着小和的手，說：

「來，我們去公園走走。」

到了公園，

媽媽和小和一起去看花朵。

有玫瑰，有菊花，有蘭花，有百合花，

還有薰衣草！

百花齊放，非常美麗！

小和對媽媽說：

「花朵真美麗，各有各漂亮！」

11

「如果公園只有一種花朵,

就沒有這麼美麗了!

如果世界只有一種人,

就不會這麼精彩了!

所以我們要欣賞和感謝世界上有

各種不同的人!

各有不同, 各有好處。」

小和聽了這番話，覺得媽媽
說得很有道理。

過了一天，小和去踢足球時，

又碰上那位新鄰居了。

小和鼓起勇氣，用英語跟他打招呼：

「Hello！My name is Arthur.」

男孩子笑了，他說：

「Hello！My name is Ahmad.」

小和指着足球，邀請Ahmad：

「我們一起去踢球好嗎？」

Ahmad雖然聽不懂，但明白小和的意思，

他很高興地點頭回應。

「Yes, yes！」

小和跟 Ahmad 一起快樂地踢球,

他們沒有多說話,

但就像已相識了很久的好朋友一樣。

踢完球後，Ahmad說：

「Come！」

Ahmad帶小和到自己的家裏。

Ahmad的媽媽給小和喝紅茶、吃棗子。

紅茶又香又甜。

小和吃了一口棗子,

發覺棗子的中間有合桃!

「嘩,真好吃!」

小和回家，很高興地跟媽媽說：

「Ahmad是土耳其人，他們喝甜茶，吃合桃棗。

我喜歡和不同的人交朋友。」

媽媽聽了覺得很安慰，

因為小和已明白欣賞差異的重要性。

小和心中是暖暖的。

在他的腦袋裏留下了一句話——

「各有不同，各有好處。」

作者簡介

　　陳美齡（Agnes Chan），是著名歌星，也是過百本親子教養書作家。於美國史丹福大學攻讀教育學博士課程，並獲得教育學博士（Ph.D）。

　　陳博士除了參與各類演藝活動，也兼任隨筆作家、聯合國兒童基金會亞洲親善大使、日本抗癌協會「微笑大使」、香港公開大學榮譽顧問等等，活躍於各個領域。2015年繼大兒子、二兒子之後，三兒子也成功被史丹福大學錄取，成為成功的教育家。

陳美齡給父母的小訊息

為了讓小朋友適應飛速進展的社會，父母一定要讓小朋友接受與自己不同的人和事物。這個故事通過花朵，讓孩子明白因為有不同的事物，人生才是精彩的。

小和在故事中，起初不能接受Ahmad，然後和Ahmad交朋友，並學會欣賞文化的差異。父母重複和孩子閱讀這個故事，可以鼓勵孩子和自己不同的人交朋友，讓他們不會抗拒差異。

從閱讀加強孩子的學習能力

喜愛閱讀是父母可以為孩子建立的最重要的一個習慣。

從閱讀之中可以鍛煉孩子的學習能力。首先父母讀繪本給孩子聽。讀了幾次之後，請孩子讀給你聽。然後把書蓋上，叫孩子去把故事告訴其他人。這樣的做法可以鍛煉孩子的聆聽力、閱讀力、理解力、記憶力、總括力和發表的能力。

讀每一本繪本的時候，都可以用這個方法。那麼孩子在上學的時候，因為已經熟習了學習的流程，就會覺得很輕鬆。

討論故事內容

和孩子討論故事內容，可以令孩子更有個人的意見和明白到其他人的想法。

這個故事中，有幾個問題大家可以討論：
- 為什麼小和當初不願和Ahmad交朋友？
- 媽媽為什麼帶小和到公園？
- 看到了不同的花朵，小和有什麼感想？
- 雖然語言不通，也可以交朋友嗎？
- 媽媽為什麼感到安慰？
- 在小和的腦袋裏留下了哪一句話？
- 當你看到與自己不同的小朋友，應該怎麼做呢？

♡ 陳美齡與你分享更多親子閱讀心得
一掃即看

陳美齡親子繪本系列

各有不同，各有好處

作者：陳美齡

繪圖：陳美齡

責任編輯：趙慧雅

美術設計：鄭雅玲

出版：新雅文化事業有限公司

香港英皇道499號北角工業大廈18樓

電話：(852) 2138 7998

傳真：(852) 2597 4003

網址：http://www.sunya.com.hk

電郵：marketing@sunya.com.hk

發行：香港聯合書刊物流有限公司

香港荃灣德士古道220-248號荃灣工業中心16樓

電話：(852) 2150 2100

傳真：(852) 2407 3062

電郵：info@suplogistics.com.hk

印刷：中華商務彩色印刷有限公司

香港新界大埔汀麗路36號

版次：二〇二一年六月初版